AF196232

www.tredition.de

Norbert Johannes Ingler

Buntkäferzeiten

L´époque des coccinelles de toutes les couleurs
Tempi di maggiolini multicolori
Colourfulbeetletime

Gedichte

© 2020 Norbert Johannes Ingler

Verlag & Druck: tradition GmbH, Halenreie 40-44, 22359 Hamburg
Lyrik-Übersetzung ins Französische von Dominique Valembois-Hach
Lyrik-Übersetzung ins Italienische und Englische von Yvonne Rebecca Ingler-Detken
sowie der Lyrikerin Fiorenza Battistini aus Parma
Lyrik-Übersetzung ins Englische von Nigel Burns
Fotos von ihren Gemälden von Dominique Valembois-Hach
Künstlerische Fotos von Yvonne Rebecca Ingler-Detken

ISBN
978-3-347-05375-5 (Paperback)
978-3-347-05376-2 (Hardcover)
978-3-347-05377-9 (e-Book)

für Annegret und Yvonne Rebecca

Lyrik-Übersetzung ins Französische
von Dominique Valembois-Hach

Lyrik-Übersetzung ins Italienische und Englische
von meiner Tochter Yvonne Rebecca

sowie der Lyrikerin Fiorenza Battistini aus Parma

Lyrik-Übersetzung ins Englische
von Nigel Burns

Fotos von ihren Gemälden
von Dominique Valembois-Hach

Künstlerische Fotos
von meiner Tochter Yvonne Rebecca

Mein Dank gilt allen, die meine narrativen Gedichte
übersetzt und dieses Lyrikprojekt
unterstützt haben.

Inhalt

Studentenball

milder januar alte mensa spitzenmusik
zeit zu schauen und zu flirten und zu tanzen
einen braunoberginen rock trugst du
selbst gehäkelt sagtest du stolz

deine augen dein haar dein strahlen
wer bist du bezaubernde wie heißt du
eine braune cordhose trug ich mit schnürstiefeln
wie der gestiefelte kater in deiner erinnerung

die erste berührung livebandmusik
das sich anschmiegen
die freude auf das wiedersehen

vier tage bis zum ersten rendezvous
hatten wir uns verliebt
wir hörten unsere herzen pochen

wir saßen am strand das meer funkelte

Le ball des étudiants

un janvier clément une musique super dans un resto universitaire
le temps de flairer de flirter de danser
tu portais une jupe couleur aubergine
fabrication maison sans prétention

tes yeux tes cheveux ton aura
qui es-tu enchanteresse quel est ton nom
je portais un jean en velours marron et des bottes à lacets
comme le chat botté dans ton souvenir

les premiers contacts, de la musique life
se blottir l'un contre l'autre
la joie de se revoir

quatre jours d'attente jusqu'au premier rendez-vous
nous étions si amoureux
nous entendions le battement de notre coeur

nous étions sur la plage la mer scintillait

Rondvaarten

dein langes haar glänzt im sonnenlicht
kecker blick und kecke nase
dein lächeln im sucher der kamera
blickend über die schulter

modisch schick wattierte jacke
ein großer ring am finger
lass uns leben im jetzt
leichtes schaukeln aller barkassen

wenn die rundfahrt des lebens beginnt
sind wir noch hilflos
werden getragen

nun aber sind wir neugierig gewillt
das neue zu erfahren
das glück zu sammeln

freedom feeling

Rondvaarten

tes longs cheveux brillent sous la lumière du soleil
ton regard et ton nez provocateurs
ton sourire dans l´objectif de la caméra
tu lances un regard vers l´horizon

une veste du dernier cri
une immense bague au doigt
vivons dans le maintenant
les péniches se balancent doucement

quand le manège de la vie commence
nous sommes encore passifs
nous sommes emportés

mais maintenant nous sommes curieux
de vivre le nouveau
de cueillir le bonheur

freedom feeling

Campingblicke

ungesicherte Pyrenäenpässe
zu schnell gefahren
zu heftig abgebremst
unwirklich tiefe schluchten

abenteuerliche sommertour
für immer in erinnerung
aufatmend tränen trocknen
brisenhauch voll glück

sanddünen wo du stehst
wir grillen gemeinsam
umarmen uns im meer

lauschend nachts der wellen gischt
zeigen wir uns den sternenhimmel
durch die kleine zeltöffnung

campingaugenblicke

Souvenirs du camping

les cols des Pyrénées très précaires
une vitesse effrénée
des coups de freins violents
des ravins d´une profondeur irréelle

des vacances estivales vers l´aventure
gardées à jamais en mémoire
le soulagement puis des larmes sêchées
le souffle de la brise plein de bonheuer

des dunes de sable où tu te tiens toute droite
des grillades
nous nous tenons enlacés dans la mer

nous écoutons la nuit le bruissement des vagues
nous étudions le ciel étoilé
au travers de l´ouverture de notre tente

instants du camping

Avignon

am ufer der Rhone schliefen wir ein im gras
im schlafsack verschnürt
umtanzt von mückenschwärmen
als wir uns küssten

des lebens freude flirrte
spät kamen wir zum Festival d´Avignon
volle jugendherberge campingplätze überfüllt
sahen wir endlich Avignons brücke

den käfer hinter einem stadttor geparkt
erfolglos gesucht des nachts
avignon mit sieben toren im mauerring

zwei amerikaner halfen uns bei der suche
gaukler und gitarren verwinkelte altstadt
so jung und voller glück waren wir

heillos verliebt in Avignon

Avignon

c´est sur l´herbe de la berge du Rhône que nous dormions
ligotés dans notre sac de couchage
assaillis par des essaims de moustiques
quand nous nous embrassions

la joie de vivre vibrait
nous arrivons trop tard au Festival d´Avignon
des auberges de jeunesse et des campings bondés
enfin le pont d´Avignon nous apparaît

notre coccinelle stationnée derrière un rempart
une nuit à la vaine recherche d´un lit
avignon et ses sept portails

deux américains vinrent à notre secours
des saltimbanques et des guitares dans les rues tortueuses
nous étions si jeunes et si heureux

désespérément amoureux à Avignon

Girona

du im schönsten kleid
fröhlich gelassen stolz
hand in hand durch Girona
wir schlendern voller glück

des frühen Emporions ruinen
ruhend in der sonnenflut
strategischer wandel allerzeit
wir küssten uns im schatten

vorsicht surrealisten
sind ganz nah
eine schmelzende uhr
die zeit zerrinnt

nirgends ein fester halt
alles schwirrt
unsicherheit allerorten

aneinander glauben
unaussprechlich verliebt sein
gemeinsam empfinden

ganz schön witzig der Dalí

Girona

toi dans ta robe la plus jolie
radieuse sereine fière
main dans la main à travers Girona
nous errons pleins de bonheur

les ruines de l´ancien Emporion
inondées de soleil
place stratégique de toujours
des baisers échangés à l´ombre

gare aux surréalistes
qui sont tout près
une horloge qui fond
le temps qui s´écoule

aucun soutien nulle part
tout est flou
l´incertitude partout

croire en nous
s´aimer sans mots
ressentir ensemble

très drôle ce Dali

Hommage à Che Guevara

Studentenzeit

die frühe poesie der gitarren verblasste fotografien
wie träumen wir heute
wie träumen wir morgen
wie werden träume zu erinnerungen
wann wurden träume politisch

da sind sie alle oder viele wieder
songwriter sängerinnen bands
verse refrains tänze
die hoffnung der eltern in die oberstadt zu gehen
denke an deine karriere deine zukunft verzettel dich nicht

im radio hören wir John Lennons *Imagine*
wir sehen die gefahr der gewehre
in unruhiger welt
lieder des Theodorakis summen wir gegen diktaturen
in der hoffnung auf jenen tag *an dem die sonne tanzt*

und wir fühlen uns mit jenen vereint
die sehnsucht freiheit gleichheit besingen
die uns sensibilisieren mut schenken wie Martin Luther King

we shall overcome Joan Baez pathetisch und alle singen
einfaches großartiges lied mit woodstockfeeling
die friedensbewegung sie kündigt sich an

wir legen die schallplatten vorsichtig auf
vinylrillen man muss sie genau treffen bunte cover
wir hören zu und gehen zu protesten und lieben uns so sehr

vibriert der himmel

Le temps des études

la poésie révolue des guitares les photos devenues floues
comment nos rêves sont-ils aujourd´hui
comment seront-ils demain
comment deviendront-ils des souvenirs
quand des rêves deviennent-ils politiques

ils sont tous là et ils reviennent
les chanteurs les compositeurs les groupes pop
les vers les refrains les danses
l´espoir des parents de monter dans les quartiers huppés
pense à ta carrière à ton avenir ne perds pas ton temps

à la radio on écoute *Imagine* de John Lennon
on prend conscience du danger des armes
dans un monde inquiétant
on chante les chants de Théodorakis contre les dictatures
on espère que ce jour viendra où *le soleil dansera*

et nous nous sentons solidaires
de ceux qui chantent la liberté l´égalité
qui nous interpellent nous rendent forts comme Martin Luther King

we shall overcome Joan Baez pathétique et tous chantent
cette chanson si simple et grandiose dans l´ambiance de woodstock
les mouvements pacifistes naissent

on pose religieusement les disques de vinyl sur le tourne-disque
on doit placer l´aiguille avec soin sur le disque
on écoute on va à des manifs et on s´aime tant

le ciel vibre

Seeigelstachelbeeren

zugfahrtgefühl heller erfüllter felder
studentenreisen mit sprung ins herrliche meer
vorsicht seeigelstachel in der ebbe gischt

sonnenflut ohne sonnenschirm
irritierender ausflug zu nudisten
schwimmerparadies bis zum horizont

seeigel lieben studenten
das gefühl dich einzucremen
wundersame seeigelvermehrung

das kleinste minipackzelt der welt
du sonst niemand menschenleerer traumstrand
deinen arm legst du über meine schulter

schlenderschritte ruinen früher welten
was haben menschen damals gedacht
verkaufen sie ihre schuhe im Topkaipalast

wärmende quellen in der salzwüste
salzwasserweiße kalkstufen
dein bikini in meinem rucksack

nächtliche rückfahrt auf dem postschiff
nachtseetage ohne seeigelstachel
alles was du organisierst

welche worte schriebst du
in das geschenk
wir lasen Baudelaire

woher weißt du
dass ich stachelbeeren liebe

Uva spina di riccio di mare

viaggio in treno osservando campi pieni di luce
gite studentesche in viaggio nello splendido mare
attenzione allo spuntare del riccio nella bassa marea l´acqua schizza

la marea alta di sole senza un ombrellone
escursione irritante alla spiaggia dei nudisti
paradiso di nuotatori fino all´orizzonte

I ricci di mare adorano gli studenti
la sensazione di spalmarti la crema solare e
la moltiplicazione miracolosa di ricci di mare

la mini tenda da imballaggio più piccola al mondo
solo tu nessun altro la spiaggia dei sogni è deserta
metti il braccio intorno alla mia spalla

passeggiate intorno ad antiche rovine dei mondi passati,
cosa pensavano le persone allora
vendi le tue scarpe nel Topkapipalast

sorgenti di riscaldamento nel deserto salato
calcare bianco di aqua salata
il tuo bikini nel mio zaino

rientro di notte sulla barca della posta
giorni di mare notturni senza punture di riccio di mare
pieni di tutto ciò che tu organizzi

che parole hai scritto ...
nel dono
leggiamo Baudelaire

come lo sai
che adoro l´uva spina

Seaurchingooseberries

a train-ride feeling bright full fields
student trips with a leap into the wonderful sea
be careful sea urchin spines in the surf´s ebb

flooding sunshine without a sunshade
an confusing excursion to naturist´s bathing
a swimmer´s paradise until the horizon

sea urchins love students
the feeling of you rubbing in the lotion
miraculous sea urchin multiplication

the smallest pack tent of the world
nobody else than you a dream beach empty of people
you lay your arm over my shoulder

ambling through the ruins of earlier worlds
what did the people think at that time
do you sell your shoes at the Topkapi Palace

warm springs in the salt desert
saltwater white chalk steps
your bikini in my rucksack

nocturnal return journey on the packet-ship
nights at sea without sea urchin spines
everything that you organised

which words did you write
in the gift
we read Baudelaire

how do you know
that I love gooseberries

Gedichte, nicht nur über Liebe

skepsis bei der schulleiterin und wohlwollen
zeitungsartikel und poster flair der poesie
gedichtatmosphäre im Josef Albers Gymnasium
kooperation mit einem freund

dies sei keine attacke der 68er gewesen
eher Novalis oder gar Hölderlin
hatten wir je darüber nachgedacht
der gedichtband aber hieß
Die Waffen der Täter

freundlich großer applaus des publikums
gymnasiasten und freunde in der vollen aula
geheftete gedichte ausverkauft am ende

die riffs des gitarristen verklingen
fingerpicking songs geschärfte sinne
wo ist der gedichtband geblieben

finally lost in time
dein fragender blick

Poèmes,
consacrés aussi à d´autres thèmes que l´amour

le scepticisme de la proviseure et sa bienveillance
les articles de journaulx et le flair de la poésie
l´ ambiance de poésie du lycée Josef Albers
coopération avec un ami

ceci n´est absolument pas une attaque des soixante-huitards
peut être à la Novalis ou plutôt à la Hölderlin
qui y aurait pensé
le recueil de poèmes s´appelait pourtant
Les armes des coupables

l´applaudissement approbateur du public
les lycéens et amis dans l´amphi du lycée
les poèmes mis en page et tous vendus à la fin

les riffs des guitaristes s´estompent
les songs et jeux de guitares les sens exacerbés
où est passé le recueil de poèmes

finally lost in time
ton regard interrogateur

Poesie, non solo sull'amore

scetticismo da parte della direttrice e benevolenza
articoli di giornali e manifesti flair di poesia
atmosfera poetica nel liceo Josef Albers
cooperazione con un amico

questo non fu un attacco degli anni '68
piuttosto Novalis o persino Hölderlin
ci abbiamo mai pensato
ma il libro di poesie fu chiamato
Le armi degli autori

amichevole grande applauso da parte del pubblico
studenti e amici delle scuole superiori nell'auditorium al completo
poesie tutte esaurite alla fine.

I riff del chitarrista svaniscono
canzoni fingerpicking acuiscono i sensi
dov'è finito il libro di poesie?

finalmente perso nel tempo
il tuo sguardo interrogativo

Poems, not just about love

scepticism from the headmistress and benevolence
newspaper articles and posters flair of poetry
a poetic atmosphere in the Josef Albers high school,
in collaboration with a friend

this had not been an attack of the 68ers
rather we had thought about Novalis or even Hölderlin
however the book of poems was titled
The Weapons of the Perpetrators

friendly big applause from the audience
students and friends in the full auditorium
booklets of poetry sold out at the end

the guitarist's riffs fade away
fingerpicking songs sharpened senses
where has the book of poetry gone

finally lost in time
your quizzical look

fürimmerwir

maifeiertagsverlobung
gaukler bands schauspielszenen
welch herrlicher frühlingstag
ruhrfestspielflair

überrascht unsere eltern
unsere schöne erste wohnung
kronprinzenstraße dachgeschoss
herrlich grüner kachelofen

sechsteroktoberforever
im herzen milde herbstsonne
im standesamt und am see

gemeinsamezieleverfolgen
sichachtenundlieben
gemeinsamesglückentfachen

fürimmerdeinfürimmermein

nouspourtoujours

les fiancailles le 1er mai
des saltimbanques et des scènes de théâtre
quel merveilleux jour de printemps
l´ambiance des fêtes de la Ruhr

nos parents s´étonnent
notre premier joli appart´
une mansarde dans la Kronprinzenstraße
un superbe poéle de faience vert

lesixoctobrepourtoujours
un soleil d´automne
qui nous donne chaud au coeur
le mariage civil puis le lac

poursuivredesbutsensemble
serespecterets´aimer
allumerlebonheurensemble

pourtoujourstienpourtoujoursmienne

Arc de Triomphe

sei sie des Uranos des himmels
bezaubernde tochter
sei sie dem schäumenden meer
entstiegen

die göttin der schönheit und liebe
genannte Aphrodite
in sparta als kriegsgöttin
verehrt

und die schönheit erwacht
in des lebens odyssee
und das licht
erspürt den einzelnen tag

wenn in paris wir ranglen
am Arc de Triomphe

Arc de Triomphe

qu´elle soit d´Uranus le ciel
la fille ensorceleuse
qu´elle soit de l´écume de la mer
émergée

la déesse de la beauté et de l´amour
appelée Aphrodite
à Sparte la déesse de la guerre
adorée

et la beauté s´éveille
dans la vie d´Ulisse
et la lumière
fait naître chaque jour

quans nous chahutons
devant l´ Arc de Triomphe

Buntkäferzeiten

der erste käfer
beigegrün mit faltschiebedach
wenn man gas gab
tuckerte er einhundertzwanzig
wir fuhren ihn als studenten

der zweite käfer
blau mit kleinem schiebedach
wenn man stoff gab
schaffte er einhundertdreißig
wir fuhren ihn voller stolz

der dritte käfer
orange mit schiebedach
wenn man durchdrückte
tacho auf einhundertvierzig
wir fuhren ihn zu dritt

wir breiten unsere arme aus
tanzen auf dem seil
nehmen uns in den arm
sehen uns in die augen

alles ist vertrauen

L´ époque des coccinelles
de toutes les couleurs

la première coccinelle
beige-verte décapotable
quand on accélérait
elle faisait ses cent-vingt à l´heure
on l´avait pendant nos études

la deuxième coccinelle
bleue ave un toit semi-ouvrant
quand on appuyait sur le champignon
elle arrivait à cent-trente á l´heure
on était fiers au volant

la troisième coccinelle
orange à toit ouvrant
quand on roulait à fond
cent-quarante sur le compteur
on y roulait á trois

on ouvre les bras
on danse sur un fil
on se tient par la main
on se regarde dans les yeux

tout est initmité

Tempi di maggiolini variopinti

Il primo maggiolino
verde e beige con un tetto apribile a pieghe
dando gas scoppiettava
a centoventi all´ ora
ci viaggiavamo da studenti

Il secondo maggiolino
blu con un piccolo tetto apribile
accelerandolo andava a
centotrenta
lo guidavamo con orgoglio

Il terzo maggiolino
arancione con tetto apribile
se premevi sull` acceleratore
il tachimetro segnava centoquaranta
ci viaggiavamo in tre

allarghiamo le braccia
balliamo sulla corda dell´equilibrista
abbracciamoci
guardandoci negli occhi.

tutto è fiducia

Colourfulbeetletimes

the first beetle
beige-green with folding sunroof
if you accelerated
it chugged along up to one hundred and twenty
we drove it as students

the second beetle
blue with a small sunroof
if you went full speed
it reached one hundred and thirty
we drove it with pride

the third beetle
orange with sunroof
if you pushed the pedal all the way down
it reached one hundred and forty
the three of us drove it

we spread our arms
dance on the rope
hug each other
look us in the eyes

trust is everything

Unser Kind, unser Herz

regnerisch ungemütlicher abend
unsere dachwohnung frisch geputzt
angespannter blick fragend
wir fuhren zum krankenhaus

nulluhrvierzehn unvergesslich
lagst du in mamas armen
überquellende gefühle
dein köpfchen küssten wir

unsere herzen kommen zusammen
unsere tochter bist du
die wir lieben für alle zeit

du weinst schreist so kräftig
baden und eincremen das genießt du
du bist so vollkommen

deine neugrierigen augen
wenn du auf der häkeldecke liegst
unsere kleine welt erblickst

unserherzpochtmitdir

Notre enfant, notre coeur

un soir pluvieux et désagréable
notre mansarde toute propre
nos regards interrogateurs et inquiets
nous allons à l'hôpital

minuit quatre pile c'est inoubliable
tu es dans les bras de maman
débordants d'amour
nous embrassons ta tête minuscule

nos coeurs se rencontrent
tu es notre fille
nous t'aimerons toujours

tu pleures et cries si fort
tu aimes les bains et les crèmes
tu es si parfaite

tes yeux curieux
quand tu es sur ta couverture
et observes notre petit monde

notrecoeurpalpiteavectoi

La nostra bambina, il nostro cuore

piovosa serata scomoda
il nostro loft appena pulito
sguardo teso per rassicurarsi
siamo andati in ospedale

sei nata a mezzanotte e quattordici
anno indimenticabile
eri tra le braccia di mamma
accumulo di sentimenti
abbiamo baciato la tua testa

I nostri cuori si uniscono
tu sei nostra figlia
che amiamo per sempre

piangi urli così duramente ...
godi il bagno e l´applicazione della crema
sei così perfetta

I tuoi occhi curiosi
quando giaci sulla coperta all'uncinetto
vedi il nostro piccolo mondo

Ilnostrocuorebatteconte

Our child, our heart

rainy unsettled evening
our loft freshly cleaned
an anxious questioning look
we drove to the hospital

fourteen minutes past midnight unforgettable
you lay in mama´s arms
feelings overflowing
we kissed your tiny head

our hearts are as one
you are our daughter
whom we will love forever

you cry scream so powerfully
you enjoy the bathing and creaming
you are so perfect

your inquisitive eyes
as you lie on the crocheted blanket
see our little world

ourheartbeatswithyou

Paradies auf Erden

zwei schönheiten im partnerlook
die eine ruft laut vergnügt
die andere strahlt voll glück

die wiege aus holz
kunstvoll vom opa gefertigt
weißer baldachin mit roten herzchen

das fläschchen vom vater
bäuerchen mit widerwillen
ringelstramplerforever

wie völlig entspannt du bist
in deinem herrlichen taufkleidchen
mit stickereien und haube

Sarah Bernhardt poster
gelbpsychedelische großmustertapete
rotes häkelkissen und orchideen

das weihnachtsfest mit dem puppenwagen
der schönste kleine weihnachtsbaum
gebastelte strohsterne

kinderwagengenießerin
stolzer vater sportwagengemäß
stolze mutter kinderwagenfrühling

ich komme gleich
bäuchlings durch die balkonstreben
rufst du spielenden kindern zu

ist das das paradies auf erden
die mutter und das kind
die kleine familie

Le paradis sur terre

deux beautés en partnerlook
l'une crie amusée
l'autre est radieuse de bonheur

le joli berceau en bois
fabriqué par papy
un baldaquín blanc avec des coeurs rouges

le père donne le biberon
il y a un renvoi qui a du mal 'sortir
unebarboteuseàrayurespourtoujours

comme tu as l'air détendue
dans ta magnifique petite robe de baptême
avec des broderies et un bonnet

un poster de Sarah Bernhardt
une tapisserie jaune à dessins psychédéliques
un coussin rouge et des orchidées

la fête de Noel avec la voiture à poupée
le plus joli arbre de Noel
des étoiles de paille

on adore les landaus
le père fier de sa porsche
la mère fière de son landau tout neuf

j'arrive couchée sur le ventre
tu appelles à travers les barreaux du balcon
les enfants qui jouent

est-ce le paradis sur terre
la mère et l'enfant
la petite famill

Kirschzeiten

markttag sommertag kinderwagentag
kirschen lockend prall und süß
schwarzrot verführerisch glänzend
fröhlich vergnügt das kind

kirschsaftspezialistin
Pierre Lotis weiter blick über Istanbul
spielend mit dem strohhalm
mit kirschkernen symbole formen

wir lesen fragen uns sind irritiert
ob es die kirschen der freiheit gibt
erfahrungen eines dichters

die kirschen der freiheit
du kennst viele sorten geliebte
den geschmack der träume

herzkirschen ein wildes versprechen
herzkirschen ein tiefes versprechen

kirschblütenzaubermeer

Tempi di ciliegia

giorno di mercato giorno d´estate giorno con passeggino
ciliegie grossissime e dolci
nero-rosso seducente lucido
la bambina allegra e felice

tu sei specialista del succo di ciliegia
Pierre Lotis guarda oltre Istanbul
giocando con la cannuccia
formare simboli con noccioli di ciliegia

leggiamo domandiamo e siamo confusi
ci sono ciliegie della libertà
esperienze di un poeta

Le ciliegie della libertà
ne conosci diversi tipi carissima …
il gusto dei sogni

il cuore di ciliegia é una promessa selvaggia
il cuore di ciliegia é una promessa profonda

mare magico di fiori di ciliegie

Cherrytimes

market day summer´s day baby carriage day
cherries enticing plump and sweet
temptingly shining reddish-black
gleefully happy the child

cherry-juice specialist
Pierre Lotis looks further over Istanbul
playing with the straw
forming shapes with cherry stones

we read we wonder
if there are The cherries of freedom
experiences of a poet

The cherries of freedom
you know many kinds my beloved
the taste of dreams

heart cherries a wild promise
heart cherries a deep promise

a sea of magical cherry blossom

Ährenspaziergang

die mutter im leuchtend gelben kleid
geschmücktes mädchen prinzeisenherzfrisur
der vater im knittrigen hemd
weizenähren schwingen im spätsommerwind

das eigene neue haus ein traum wird wahr
großartige einzugshelfer im kalten januar
im sommer schon auf der eigenen terrasse
der rasen ist schnell gewachsen

nachts wachen wir auf nur ein wenig
aneinander schmiegen wir uns
du tänzerin im sturm

wer findet den verborgenen schatz
mein kind suche im garten
das versteckte ist nicht verborgen

ein trotziges schmollen

La promenade dans les champs

la mère dans un robe d´un jaune éclatant
la fille décorée une coiffure à la jeanne d´arc
le père dans une chemise froissée
des épis de blé se balancent dans une brise d´été indien

la nouvelle maison un rêve devient réalité
une aide précieuse pour le déménagement
en un janvier glacial
l´été déjà sur la nouvelle terrasse
la pelouse pousse à grande vitesse

la nuit nous nous réveillons légèrement
nous nous blottissons l´un contre l´autre
toi la danseuse dans la tempête

qui trouve le trésor caché
cherche mon enfant dans le jardin
ce qui est caché n´est pas dissimulé

une mone rebelle

Mensch Mädchen
oder deine Hörspiele auf Vinylrillen

große pippi langstrumpf ära mit *pippi und die seeräuber*
dreimal *biene maja* passend das karnevalskostüm
die rote zora einige folgen und *rolfs schulweghitparade*

gummitarzan auf der *kanincheninsel* und *der kleine muck*
emil und die detektive suchen *das doppelte lottchen*
disneys aristocats haben angst vor der *kleinen hexe*

rapunzel und *frau holle* suchen den *gestiefelten kater*
fünf wochen im ballon mit jules verne
das große liederbuch mit den *schönsten kinderliedern*

das fliegende klassenzimmer ist *unterwegs mit odysseus*
huckleberry finn schläft in *onkel toms hütte*
die vorstadtkrokodile sind keine *unendliche geschichte*

mensch mädchen heißt das stück des grips theaters

Mensch Mädchen
et tes disques vinyl

une longue phase de pipi langstrumpf avec *et les pirates*
trois fois *biene maja* dans un costume de carnaval
quelques épisodes de *die rote zora* et de *rolfs schulweghitparade*

tarzan en caoutchouc sur *l´île aux lapins le petit Nick*
émile et les détectives cherchent *das doppelte lottchen*
les aristocats de Disney ont peur de la *petite sorcière*

rapunzel et *frau holle* cherchent le *chat botté*
cinq semaines en ballon avec Jules Verne
le grand liederbuch avec les *plus jolies chansons enfantines*

la classe volante se met en route avec *l´odyssée*
huckleberry finn dort dans *la case de l´oncle tom*
les crocodiles de la banlieue ne sont pas une *histoire sans fin*

mensch mädchen c´est le titre du *grips theater*

Liebe des Lebens

deine augen dein haar dein strahlen
wer bist du bezaubernde wie heißt du
wir sitzen am strand das meer funkelt

vier tage noch bis zum ersten rendezvous
hatten wir uns verliebt
wir hören unsere herzen pochen

wenn die rundfahrt des lebens beginnt
sind wir hilflos werden getragen
das leichte schaukeln der barkasse

aufatmend tränen trocknen
zeigen wir uns den sternenhimmel
brisenhauch voll glück

umtanzt von mückenschwärmen
als wir uns küssten
so jung und heillos verliebt

schmelzende uhr zerrinnende zeit
suchend nach festem halt
aneinander glauben fröhlich gelassen

die frühe poesie der gitarren
wir tanzen so gern vibrierender himmel
im radio erklingt John Lennons *Imagine*

gemeinsamezieleverfolgen
sichachtenundlieben
gemeinsamesglückentfachen

unser kind unser herz
dein köpfchen küssen wir
du bist so vollkommen

die mutter und das kind
ist das das paradies auf erden
die kleine familie

L´amour de ma vie

tes yeux tes cheveux ton aura
qui es-tu enchanteresse quel est ton nom
nous sommes sur la plage la mer scintille

quatre jours d´atttente jusqu´au premier rendez-vous
nous étions si amoureux
nous entendons le battement de notre coeur

quand le manège de la vie commence
nous sommes passifs et transportés
le léger balancement des péniches

le soulagement puis des larmes sêchées
nous étudions le ciel étoilé
le soufffle de la brise plein de bonheur

assaillis par des essaims de moustiques
quand nous nous embrassions
si jeunes et désespérément amoureux

une horloge qui fond le temps qui s´écoule
à la recherche d´un soutien fort
croire en nous être joyeux et sereins

l´ancienne poésie des guitares
notre amour de la dance un ciel vibrant
à la radio on passe *Imagine* de John Lennon

poursuivredesbutsensemble
serespecterets´aimer
découvrirelebonheurensemble

notre enfant, notre coeur
nous embrassons ta tête minuscule
tu es si parfaite

la mère et l´enfant
est-ce le paradis sur terre
la petite famille

Amore per la vita

I tuoi occhi i tuoi capelli il tuo splendore
chi sei donna affascinante come ti chiami
ci sediamo sulla spiaggia il mare brilla

quattro giorni aspetto fino al primo appuntamento
ci siamo innamorati
sentiamo battere i nostri cuori

quando inizia il tour della vita
siamo indifesi portati
dal leggero dondolio della chiatta

respirando profondamente lacrime che si asciugano
guardiamo il nostro cielo stellato
respiro di felicità

danzavamo attorno a sciami di zanzare
quando ci siamo baciati
e io così giovane e irrimediabilmente innamorato

perfetto l'orologio che calcola il tempo di fusione
e noi alla ricerca di una presa salda
crediamo l'uno nell'altra, con calma

la prima poesia delle chitarre
adoriamo ballare nel cielo vibrante
Imagine di John Lennon suona alla radio

seguono obiettivi comuni
rispettare-ed-amarsi
e poi scintilla della felicità comune

nostra figlia il nostro cuore
ti baciamo la testa
sei così perfetta ...

la madre e la bambina
è quel paradiso in terra
la nostra piccola famiglia

Love of your life

your eyes your hair your radiance
who are you adorable what is your name
we sit on the beach the sea glistens

four days until the first rendezvous
have we fallen in love
we hear our hearts pounding

when the journey of life begins
we are helpless we are carried
the gentle rocking of the boat

breathing out dried tears
let's show the starry sky
a breeze full of happiness

swarms of mosquitos danced around
as we kissed
so young and hopelessly in love

melting hours melting time
looking for a firm footing
to have happy belief in each other

the early poetry of the guitars
we love to dance vibrant sky
John Lennon's *Imagine* plays on the radio

common aims
respect and love
together kindle happiness

our child our heart
we kiss your tiny head
you are so perfect

the mother and the child
is that paradise on earth
the small family

Norbert Johannes Ingler
studierte Germanistik, Sozialwissenschaften und Theaterwissenschaft.
Er wurde Gymnasiallehrer, promovierte über Werte in der Politischen Bildung,
war Co-Herausgeber einer sozialwissenschaftlichen Schulbuchreihe
und veröffentlichte Aufsätze zu Themen der politischen Bildung.
Viele Jahre arbeitete er als Schulleiter eines Gymnasiums.
Buntkäferzeiten ist sein erster Gedichtband.
(Das Foto stammt aus dem Jahr 1972.)

Titel der fotografierten Gemälde von Dominique Valembois-Hach

7 Voyage – 11 Guitare – 15 Bateaux sur terre –
27 Vieille ville - 39 Riffs de guitare - 55 Bateaux –
61 Talmont – 65 Hommage á Klee – 73 Lumiére d`été – 77 Jardin

Kontakt mit dem Autor: norbert.ingler@t-online.de

Zeitfracht Medien GmbH
Ferdinand-Jühlke-Straße 7
99095 Erfurt, Deutschland
produktsicherheit@kolibri360.de